LETTRE

A

MONSIEUR PARISET,

SECRÉTAIRE DE L'ACADÉMIE DE MÉDECINE.

Par Le Roy,

ANCIEN MAITRE EN CHIRURGIE, AUTEUR DE LA *MÉDECINE CURATIVE*.

PARIS

DE L'IMPRIMERIE ET CHEZ CARPENTIER-MERICOURT,

RUE TRAINÉE-SAINT-EUSTACHE, N. 15.

1826.

AVANT-PROPOS.

Le 28 mars 1826, l'Académie de Médecine a tenu, dans le Palais du Louvre, une séance publique, sous la présidence de MM. le baron Portal, président d'honneur perpétuel, et le baron Lucas, président annuel.

M. Pariset, secrétaire de cette Compagnie, en rendant compte des divers travaux de l'Académie, pendant les années 1821, 1822, 1823 et 1824, a annoncé que l'Académie préparait un travail sur la vente des médicamens et des poisons. Il s'est élevé contre tous les remèdes secrets; et, à cette occasion, il a signalé le *remède Le Roy* comme promenant *ses fureurs*, non-seulement en France, mais encore à l'étranger. « On ne sait, a-t-il dit, ce que l'on » doit le plus ADMIRER ou de la constance avec laquelle les » victimes de ce remède courent à la mort, ou de la téna- » cité de leur bourreau. (*Journal de Paris*, 30 mars 1826.)

Il a ajouté, comme conséquence naturelle de son accusation, que je vivais obscurément, loin de la société des hommes, etc., etc., etc.

Quoique la violence d'une telle attaque en démontre peut-être assez l'injustice, j'ai cependant cru devoir répondre, 1° pour me justifier aux yeux des personnes qui, ne me connaissant pas, pourraient croire sur parole M. le secrétaire de l'Académie; 2° pour répéter encore que mes remèdes ne sont pas secrets, puisque j'en ai publié la *recette* et le *modus faciendi*, par tous les moyens qui étaient en mon pouvoir, tels que dépôt au ministère de l'intérieur, publication dans mon livre, intitulé la *Médecine curative*, parvenu à sa douzième édition, etc., etc., etc. (1); mais, on le sait, il n'y a pas de pire sourd que celui qui ne veut pas entendre; 3° enfin, pour examiner si M. Pariset est bien en position pour attaquer qui que ce soit :

C'est ce que nous allons faire dans la lettre suivante.

---

(1) Par sa Circulaire du 19 juillet 1823, adressée à tous les préfets, S. Exc. le Ministre de l'intérieur a déclaré qu'ils n'étaient pas secrets, attendu que j'en avais publié la recette, etc.; ce qui avait été de même jugé antérieurement par divers Cours et Tribunaux.

LETTRE

A

MONSIEUR PARISET,

SECRÉTAIRE DE L'ACADÉMIE DE MÉDECINE.

Paris, 25 avril 1826.

POURQUOI m'avez-vous diffamé, Monsieur, quel est mon crime; où, plutôt, puisque vous l'avez indiqué, où sont les pièces à l'appui? quelle enquête avez-vous faite? en avez-vous dit le résultat....? Mais non, rien de tout cela; toujours les mêmes déclamations, toujours *verba et voces*; jamais de preuves.

Si je n'avais écouté que le conseil d'amis indignés de vos grossières injures, je vous aurais aussitôt fait citer au tribunal de police correctionnelle, et certes, vous y auriez été condamné comme un vil calomniateur; mais, Monsieur, je ne voudrais pas être homme d'honneur en vertu d'un jugement, ni avec le même titre, rétablir, s'il en était besoin, la réputation de ma Méthode, que vous tenterez en vain d'avilir avec son auteur.

Je prends donc le parti de vous répondre. Si vous n'eussiez attaqué que mes opinions en Médecine, ainsi que vous en aviez le droit, j'aurais laissé votre vaine colère s'exhaler en fumée; mais vous avez insulté ma personne; et plus vous avez abusé à mon égard de l'influence que vous donne votre position, moins je dois me taire; mon silence serait une lâcheté, il pourrait donner quelque consistance à vos odieuses imputations.

Outragé dans ma personne, pour mes opinions médicales qui vous déplaisent, ce sont ces opinions que je dois défendre en premier lieu; si je parviens à les justifier, vos injures tombent d'elles-mêmes, et votre injustice est patente.

Tout médecin reçoit avec son titre le droit de soigner, comme il l'entend, les malades dont il a la confiance; libre de choisir dans le dédale immense des opinions médicales celle qui lui paraît la plus vraie, il ne doit compte à personne de son choix; et c'est toujours sur les leçons de l'expérience et de l'observation qu'il doit régler, en définitive, sa conduite et sa pratique.

Qu'ai-je fait autre chose? L'expérience m'a appris que des médicamens, administrés d'après certains principes, étaient propres à atteindre le but que je me proposais. J'ai suivi ce que me montrait l'expérience; j'ai agi d'après ma conscience et selon mon droit.

Les médicamens dont je me sers sont tous au nombre de ceux qui sont offerts par les Pharmacopées. Les médecins les emploient tous les jours aux mêmes doses dans leur pratique; et si je les applique, disposés par une préparation et sous une forme particulières, que je crois préférables à d'autres, j'ai porté à la connaissance du public, sans aucune restriction, quoi qu'on en ait pu dire, la formule qui décrit cette préparation. Donc rien de secret, rien de contraire aux lois, et je n'ai fait qu'user de mon droit, du droit qu'ont tous les médecins.

Cependant vous prétendez, sans en fournir de preuves, que cette Méthode et ses moyens répandent la désolation et la mort partout où ils sont connus; et il sont connus, vous en convenez, sur tout le globe! à cette occasion vous avez la coupable témérité de me traiter de bourreau de mes malades, et ceux-ci d'insensés....

Que vous dirai-je, Monsieur, pour répondre convenablement à cette étrange accusation? Je ne suis ni savant, ni orateur, ni écrivain; je n'ai point d'influence et ne suis d'aucune Académie; je suis seul, et dans l'impuissance de me défendre par de beaux discours; je n'ai que la ressource de citer des faits d'une haute importance, et capables à eux seuls de vous réfuter victorieusement.

Quelle enquête, je le disais en débutant, quelle enquête avez-vous faite pour m'accuser de la sorte? où sont vos preuves? Cette enquête que je désire, que j'appelle de tous mes vœux, faites la donc, j'en attends le résultat avec confiance! Qu'on en charge, non pas des médecins, que je récuse comme juges sans douter de leur probité comme hommes, mais des magistrats habitués à conserver le calme de l'âme au milieu des passions qui s'agitent autour d'eux, et à n'écouter que le langage sévère de la conscience.

Oui, c'est avec sécurité que j'attends le résultat de cette enquête, déjà dans plusieurs circonstances où je fus attaqué devant les Tribunaux, de nombreux témoins assignés par le ministère public sont venus déclarer à la Justice ce qu'ils savaient. Chose bien digne de fixer l'attention de tout homme impartial!.... leurs dépositions sont unanimes, pas une accusation, pas une plainte de leur part; tous font l'éloge de mon mode de traitement, tous m'adressent l'expression de leur reconnaissance; en un mot, pas un seul témoin à *charge*, bien que *cités* pour déposer *comme tels*.

Si ce que je viens d'avancer est incontestable, à quoi bon poursuivre l'enquête dont je parlais tout à l'heure? Elle est faite; il n'y a pas de moyen plus sûr pour arriver à la manifestation de la Vérité.

Toutefois, à ces preuves irrésistibles, sanctionnées par l'autorité de la Justice, je pourrais, si l'espace me le permettait, offrir des milliers de témoignages analogues et tout aussi dignes de foi; mais, obligé de choisir dans le nombre, je m'arrêterai à celui que je vais transcrire.

Au Roux, arrondissement de Charleroi (Belgique), 30 novembre 1824

MONSIEUR LE ROY,

« Depuis longues années j'étais atteint de divers genres de ma- » ladies. Quoique ayant poussé tous les Esculapes à bout, je n'avais » pu trouver même un notable soulagement; cependant j'ai dépensé » beaucoup d'argent pour drogues, sangsues, saignées; tout cela » n'a servi qu'à me précipiter dans l'état le plus déplorable de santé.

» J'ai donc eu recours, comme dernière ressource, à votre pre- » mier volume de la *Médecine curative;* je m'en suis fait un sujet » sérieux d'application, et j'ai consommé quatre-vingt-douze doses » de ses salutaires évacuans, sans discontinuer, pour obtenir une » guérison radicale.

» J'étais atteint d'une pulmonie compliquée d'une strangurie, » depuis cinq années, et finalement d'une paralysie qui m'avait » perclu les jambes; la goutte avait fait des ravages effrayans chez » moi, elle m'avait laissé aux articulations des mains un calus » (nodus) qui me faisait souffrir horriblement, m'empêchant toute » action des phalanges : tous ces maux réunis avaient fait de moi » l'être le plus souffrant.

» Actuellement, grâce à votre précieuse et divine découverte, » une santé parfaite remplace l'état affreux dans lequel je gémis- » sais depuis si long-temps.

» Mes voisins, surpris d'une guérison si prompte et si parfaite, » vinrent me consulter pour suivre aussi votre traitement; ils s'en » trouvèrent tous aussi bien que moi. Tant de guérisons opérées » en peu de temps propagèrent votre curative dans tous les villages » voisins, au point que ma maison, depuis lors, ne discontinuait » d'être le rendez-vous de presque tous les malades. Les villes » m'honorent aussi de leur confiance, et bientôt je n'aurai plus » de repos.

» D'après un calcul véridique fait récemment, QUARANTE MILLE » personnes sont venues me consulter depuis deux ans, et j'ap- » prends, à ma grande satisfaction, qu'il n'y a eu, dans ce grand » nombre, que treize morts, qui étaient des êtres tellement lésés » dans leurs parties organiques qu'ils ne donnaient aucun espoir, » et que la plupart d'entre eux étaient abandonnés de leurs méde- » cins. Toutes les maladies citées ou décrites dans votre Méthode » ont été combattues avec succès, en suivant la marche que vous » tracez dans votre Ouvrage. Il ne reste maintenant que l'hydro- » phobie qui n'a pas été traitée, et si elle se présente, je m'enhar- » dirai pour l'attaquer d'après votre procédé.

» Quant à ce que j'ai l'honneur de vous annoncer, Monsieur, » je peux donner toutes les preuves qui pourraient être exigées. » Tout le pays est imbu des guérisons nombreuses opérées d'après » les principes de votre Ouvrage. M. le comte de Glymes, com- » missaire de S. M. pour le district de Charleroi, est témoin, ainsi » que les autorités locales, des actions brillantes que je vous donne » à connaître.

» Il y a environ six mois que la Faculté, voyant sans doute » diminuer ses revenus, conçut contre moi la jalousie la plus ca- » ractérisée; elle obséda le ministère public, et l'on instruisit à » ma charge par-devant le tribunal correctionnel de Charleroi. » Soixante-douze témoins furent entendus; tous déclarèrent que » je ne leur avais fait suivre que le remède Le Roy; que je n'avais » exigé d'eux aucun salaire, au contraire, que j'avais donné du » mien. Néanmoins la prévention fut si forte, que ce tribunal, sous » prétexte que j'avais illégalement exercé l'art de guérir, me con- » damna à l'amende de vingt-cinq florins des Pays-Bas et aux frais; » le procureur du Roi poussa même l'insolence jusqu'à me traiter » de charlatan.

» J'appelai de mon jugement par-devant le tribunal de Mons, » qui m'a rendu justice, et qui, le huit de ce mois, m'a déchargé de » toute condamnation.

» Il me reste actuellement, Monsieur, à vous remercier person-

» nellement du précieux don que vous avez fait à la pauvre huma-
» nité, et à vous faire l'offre de mes services, sur lesquels vous
» pouvez compter sans réserve.

» J'ai l'honneur, etc. »

Signé : F. SAUVAGE, *lieutenant-colonel pensionné, chevalier de l'ordre de la Couronne de fer. etc.*

(Nos 95 de *la Gazette des Malades*, et 895 de la *Classification de lettres concernant les faits de pratique de la Méthode médicale du chirurgien Le Roy.*)

Je le redis encore, je possède par milliers des témoignages de cette nature, et ils sont une bien faible partie des faits qui existent. J'en ai rassemblé un assez grand nombre, dans les quatre volumes à l'appui de ma Méthode, et je continue d'en produire de nouveaux dans la feuille que je fais paraître sous le titre de *Gazette des Malades*, feuille que la censure, vous en savez quelque chose, avait supprimée il y a deux ans, malgré l'innocence de ses intentions.

A la vue de pareilles attestations, quel serait donc, ainsi que l'écrivait naguère un éloquent défenseur (1) dans un Mémoire remarquable par la force des raisons et des faits, « l'inconcevable » septicisme qui nous dominerait, si nous doutions de l'efficacité » des médicamens au sujet desquels on crie au charlatanisme ? On » blâme, dit encore cet honorable avocat, M. Le Roy d'avoir » adopté la purgation comme principe général de son mode de » traitement; mais s'il est permis à ses adversaires d'être solidistes » avec Baglivi, Hoffmann, Boërhaave et compagnie, et d'appli- » quer des saignées ou des sangsues à leurs malades dans presque » toutes les affections morbides, pourquoi donc M. Le Roy n'au- » rait-il pas le droit d'être humoriste avec Galien, Rhazès, Avi- » cennes, Fernel, Zimmermann et tant d'autres, et de provoquer, » quand il le juge à propos, des évacuations humorales ? Les faits » disent et diront toujours quel est celui des deux systèmes qui » vaut le mieux. »

Mais ce n'est point ainsi que vous pensez, Monsieur, du moins à mon égard, puisque, sans tenir compte de ce qui peut m'être favorable, sans apporter de preuves contre moi, vous appelez

---

(1) M. D. B. Le Roy, avocat à la Cour royale de Paris; Mémoire pour MM. Le Roy, Cottin et Pellet : chez Le Normand, fils, imprimeur du Roi, rue de Seine-Saint-Germain, n. 8.

l'anathême sur ma tête ; sur moi, Monsieur, que vous ne connaissez pas ; qui ne vous ai jamais fait de mal ; et à quel sujet encore ?... A l'occasion de mes opinons en Médecine, qui diffèrent des vôtres ; de mes opinions en Médecine, que vous pouviez combattre à votre aise sans toucher à leur auteur ; de ces opinions que j'étais bien libre de professer en toutes circonstances, mais dans un temps surtout où, suivant M. le docteur Ω., l'un de vos confrères, *la Médecine est dans un état complet d'anarchie, jusqu'au sein même de l'Académie ; les doctrines sont flottantes, les opinions se choquent, les sectaires sont aux prises.*

« M. Broussais, dit-il, sur son trépied, furibonde à son aise, et » notre aréopage médical se tait.

» A côté (dans cet aréopage, continue le même docteur) des » hommes les plus instruits, de ces hommes dont la Médecine » et la France s'honoreront toujours, que d'inutilités dans l'Aca» démie de Médecine, que d'êtres nuls, pouvant disputer de peti» tesse et d'obscurité !... Ces choix malheureux ont grevé la com» pagnie d'une foule de CAPITA CENSI, qui forment une masse, une » tourbe académique faisant poids dans les décisions.

» Les opinions individuelles ne se rattachant à rien, finissent » par se subdiviser et se fondre dans des groupes particuliers, dans » des coteries dont l'atmosphère est toujours MORTELLE pour la » Justice et la Vérité... L'Académie royale de Médecine forme en » quelque sorte une grande population démocratique, dont les » orateurs, toujours les mêmes, représentent les factions et les » intérêts opposés. » (Extrait du journal de Médecine, le *Censeur*, nº 3, 19 janvier 1826.)

En effet, chacun adopte et suit dans l'application celle des doctrines médicales qui lui convient ; et sans aller chercher ailleurs nos exemples, on vous a vu, Monsieur, dans le traitement de la fièvre jaune observée en Espagne, et particulièrement en Catalogne, en l'année 1821 (1), l'on vous a vu, appliquant obstinément le système du trop fameux Brown, tant combattu de nos jours, *bourrer* vos malades de kinine, de kinkina, de vin, de camphre, de musc ; les couvrir de sinapismes, et placer des vésicatoires jusque sur la région de l'épigastre, foyer de l'inflammation, que ces vésicatoires ne pouvaient qu'attiser. Aussi, quel effrayant attirail de symptômes ! que d'insuccès ! Allez demander

(1) Histoire médicale (par MM. Bailly, François et Pariset) de la fièvre jaune observée en Espagne, et particulièrement en Catalogne, en 1821. Paris, 1823, de l'imprimerie royale.

aux médecins espagnols ce qu'ils pensent de vous et de votre traitement ; demandez au professeur Broussais, ainsi qu'à ses nombreux disciples, s'ils ne vous considèrent pas comme un assassin..., ou plutôt écoutez-le parler lui-même. « Quels sont, dit-il, les succès de la méthode incendiaire (de Brown) ? Une effrayante mortalité, comme on peut le voir par les descriptions de tous les » stimulateurs. Elles sont remplies de symptômes adynamiques et » ataxiques les plus terribles, que les médecins qui savent calmer » à propos l'irritation gastrique observent rarement. Je puis en » appeler sur ce point à ma pratique, depuis que j'ai reconnu la » fausseté de mes premières idées médicales. Cet effrayant cortége » dont *le typhus traité par les Browniens marche toujours entouré*, » devenant d'heure en heure plus formidable, engage les auteurs » à multiplier les doses et à augmenter la force des stimulans, » jusqu'à ce que les malades périssent au milieu des convulsions » et du délire, avec une langue rouge, noire, brûlée, en se découvrant la poitrine et l'épigastre pour éteindre l'ardeur que » *leurs cruels médecins y entretiennent impitoyablement*... Je tiens » de témoins dignes de foi, dit encore M. Broussais, que, durant » la fièvre jaune d'Andalousie, en 1800 et 1804, une foule de » malheureux, hors d'état de payer les honoraires des médecins, » se traitaient par l'oxicrat en boisson et en lavement, et échappaient plutôt à la maladie (1), que les riches, à qui l'on prodiguait » le quinquina, le camphre, les boissons vineuses (2). »

Je lis, et je dois le citer ici à l'appui de mes principes, je lis, dans l'Ouvrage de M. James Hamilton, d'Edinburgh (3), onze observations de typhus traité avec le plus grand succès au moyen des purgatifs administrés à doses rapprochées ; l'on m'a écrit des faits analogues obtenus aux colonies, par l'application de ma Méthode, dans des cas de fièvre jaune de la plus grande intensité.

Ce même médecin écossais a fait de l'application des purgatifs

---

(1) En échappant aux médecins.

(2) Voyez Broussais, Examen de la doctrine médicale, analise des typhus, fièvre jaune, etc., pages 139 et 140. Paris, 1816, chez Gabon, libraire.

(3) Observations sur les avantages et l'emploi des purgatifs dans plusieurs maladies, par James Hamilton, docteur-médecin, membre du Collége royal des médecins et de la Société royale d'Edimburgh, ancien médecin de l'infirmerie royale de cette ville, et membre correspondant du Lycée médical de Philadelphie.

Traduit de l'anglais sur la septième édition, par A. Lafisse, docteur-médecin de la Faculté de Paris, l'un des médecins du bureau de Charité du deuxième arrondissement, etc., etc. A Paris, chez Panckouke, éditeur, 1825.

l'étude de toute sa vie, et l'on peut voir, dans son intéressant Ouvrage, que cette pratique produisit les plus heureux résultats, non-seulement dans le typhus, mais encore dans une foule d'autres affections morbides, aiguës ou chroniques, dans la scarlatine, l'esquinancie maligne, le marasme de l'enfance et de l'adolescence, la chlorose, l'hématémèse, l'hystérie, la chorée ou danse de Saint-Guy, le tétanos et diverses maladies anomales, etc, etc. Mais revenons à la question.

Si M. Broussais vous attaque avec raison, à son tour ce professeur est violemment attaqué par d'autres, pour sa doctrine et ses opinions médicales; on lui déclare la guerre la plus active, et l'on va même jusqu'à vouloir lui prouver, par des tableaux comparatifs et raisonnés, qu'il perd plus, beaucoup plus de malades que les médecins ses confrères qui suivent un autre mode de traitement. (*V.* le journal le *Censeur*, déjà cité, n° 4 et 7.)

Vous le voyez, Monsieur, pensez-vous qu'il soit facile dans un tel chaos, au milieu de tant de vague et d'incertitudes, de choisir une opinion plutôt qu'une autre? N'ai-je pas raison de m'en tenir à mon expérience, et de continuer à traiter mes malades comme par le passé?... Deviez-vous m'obliger à dévoiler un tel scandale, et le public a-t-il donc tant de tort de se moquer, comme il le fait, des médecins et de la médecine?...

Toutefois je dois le déclarer; en adoptant ma Méthode, que je croyais et que je persiste à croire la meilleure; je ne m'attendais pas à tant de célébrité, célébrité funeste pour mon repos, et à laquelle j'étais loin de prétendre.

Serait-ce vous déplaire que de vous apprendre comment et à quelle occasion j'ai acquis la certitude de l'excellence, passez-moi ce terme, du mode de traitement qui m'attire votre animadversion? C'est, vous le savez peut-être, le travail des premières années de la vie d'un homme que de chercher sa vocation. Une santé débile fit beaucoup pour ma détermination à l'étude de la Médecine, et comme il était peu convenable à mes facultés pécuniaires d'aspirer au doctorat, je me fis recevoir maître en chirurgie. Les maux que j'endurais m'avaient fait épuiser les secours de la Médecine ordinaire, lorsque je rencontrai Pelgas, ancien maître en chirurgie, qui parvint à me guérir par le traitement évacuatif qu'il s'était exercé à appliquer, et qu'il appliquait avec succès dans une foule de cas jugés incurables. Rendu à la santé, je pus le suivre dans la carrière qu'il parcourait; il fut mon guide et je devins son gendre.

Je résolus de venir me fixer à Paris; j'y trouvai bientôt l'occasion de traiter un grand nombre de malades abandonnés comme incurables. Ces premiers essais furent heureux, ma réputation s'étendit, il m'arriva des malades affectés diversement, je les traitai avec le même succès; en un mot, j'ai marché à grand pas dans la carrière.

C'est alors que je crus devoir rédiger des instructions, pour guider dans leurs traitemens ces nombreux malades, et surtout ceux qui n'habitaient pas la capitale; je fis, comme je pus, le livre que j'intitulai depuis *Médecine curative*, etc. Ce livre, que vous avez si violemment attaqué dans votre rapport à son Ex. Mgr. le ministre de l'intérieur, pourrait, je le sais, être mieux écrit; on eût pu le disposer d'après les théories physiologiques qui sont à l'ordre du jour; mais je ne tenais qu'au fond, qu'à la doctrine, et j'ai négligé la forme. Si du reste il suffit, comme je le crois, pour apprendre à connaître le principe, et pour guider convenablement tout homme doué de quelque bon sens dans l'application des moyens proposés, je n'en veux pas davantage, mon but est rempli.

Maintenant mon mode de traitement et ses moyens connus en tous lieux, ont valu une réputation immense à la maison de M. Cottin, mon gendre; réputation exploitée aujourd'hui par de nombreux faussaires, qui poussent l'audace jusqu'à imiter, non pas les remèdes, puisqu'ils ne sont pas secrets, et qu'ils peuvent facilement les préparer; mais les cachets, les étiquettes et jusqu'à la signature de M. Cottin.

Cependant, qu'ai-je fait pour répandre à ce point ce mode de traitement? A-t-on vu des *annonces*, des *affiches*, a-t-on lu dans les *journaux* des articles destinés à le faire connaître et à le propager? Non! je défie qu'il en soit cité un seul exemple; et puisqu'il en est réellement ainsi, force est bien de reconnaître que ma Méthode, et, par suite, ses moyens se propagent d'eux-mêmes, par leur propre valeur, par leurs succès, et même par la violence des attaques dont ils sont l'objet et qui attirent sur eux l'attention.

Telles sont les véritables causes de cette propagation sans exemple, qui désole mes antagonistes. D'après cela, ne conviendrait-il pas de laisser à l'opinion publique le soin de vider la querelle? Si l'autorité adoptait cette marche, elle cesserait bientôt de rencontrer des hommes qui se croient en quelque sorte obligés, par état, de se faire les ennemis et les accusateurs d'une chose qui leur déplaît.

Que peut le pouvoir lorsqu'il s'agit d'opinions en médecine?...

Que peut-il surtout contre un mode de traitement auquel on n'a souvent recours qu'après avoir vainement épuisé les ressources de la Médecine ordinaire.

Ne serait-il pas cruel d'empêcher un malade de chercher, en désespoir de cause, un moyen qui relève son espoir et peut remplir son attente?....

Maintenant que j'ai défendu ma doctrine, vous parlerai-je de ma position sociale?... Interrogez tous ceux qui me connaissent et ils vous diront dans quelle étrange erreur vous êtes tombé, en osant me présenter comme un homme séquestré de la société et vivant obscurément dans quelque coin retiré...,. Serait-ce parce que je n'ai pas l'honneur d'être membre de l'Académie de médecine que vous me traitez de la sorte? J'ai peine à le croire, car enfin, un grand nombre de médecins honorables n'appartiennent pas encore à cette compagnie. Non, Monsieur, non, je ne suis pas, comme vous paraissez le croire, séquestré de la société. Si vos indécentes paroles avaient pu m'intimider, je n'aurais eu, pour me rassurer, qu'à jeter les yeux autour de moi, sur cette masse de lettres que je possède et dans lesquelles on me prodigue, à l'envi, de la France comme de l'étranger, les marques du plus vif intérêt.

Non, Monsieur, je ne suis pas séquestré de la société; je m'en défends, tant en mon nom, qu'au nom des personnes de toutes les classes de cette même société, qui me font l'honnenr de venir me visiter chaque jour : Généraux, officiers de tout grade, de terre et de mer, Ecclésiastiques, Magistrats, Administrateurs, Avocats, Notaires, Négocians, *Médecins*, etc., etc., etc., et une foule de Citoyens d'une classe inférieure, mais que je place au même rang dans mes affections comme dans mon estime.

Mais, qui êtes vous, Monsieur, pour insulter ainsi tant de personnes honorables? à quel titre venez-vous outrager un homme simple et paisible, jusque dans ses foyers? Il m'importe, à mon tour, de vous examiner et de voir si vous êtes en droit d'attaquer les autres.... Je dois le faire dans l'intérêt de ma défense, puisque, pour beaucoup de gens, le mérite d'une accusation dépend souvent du caractère et de la position de celui qui la porte; je dois le faire, mais sans colère, cherchant, malgré ma juste indignation, à ne dire que ce qui est vrai, car s'il m'importe de frapper fort, il m'importe surtout de frapper juste.

Médecin. Votre réputation médicale est loin d'être en première ligne. Lorsqu'une famille éplorée demande les secours de l'art pour un de ses membres qu'elle craint de perdre, c'est aux Portal, aux Chaussier, aux Fouquier, aux Recamier, aux Broussais, et à bien d'autres encore que l'on s'adresse, avant de songer à vous. Il est vrai que votre infériorité, sous ce rapport, peut facilement s'expliquer; votre ambition s'est dirigée sur un autre point, et, comme chacun sait, vos surpassez vos confrères dans l'art d'obtenir des honneurs, des pensions, des dignités lucratives.

Orateur ou écrivain. Des personnes qui s'y connaissent, vous désignent comme un causeur infatigable; elles ajoutent qu'un goût de *phraserie* superficielle, un *caquetage* sans fonds comme sans substance, caractérisent vos écrits et vos discours. Ne trouve-t-on pas, au reste, un échantillon de la pauvreté de votre style dans ce passage de votre *Libelle* que vous avez livré au Journal de Paris, du 30 mars 1826 : « On ne sait ce qu'on doit le plus *admirer* ou » de la constance avec laquelle les victimes de ce remède courent » à la mort, ou de la ténacité de leur bourreau. »

On n'admire, Monsieur, ni des malades qui courent à la mort, ni leur bourreau; on a pitié des uns, et horreur de l'autre.

Secrétaire de l'Académie de médecine. Non, Monsieur, vous n'êtes point réellement le secrétaire de l'Académie de médecine; votre nomination à cette place ne résulte pas du suffrage de la majorité des membres de cette compagnie, seule condition qui la rende honorable. Vous lui avez été imposé par le Pouvoir; vous n'êtes pas le représentant de l'Académie de médecine, Monsieur, vous ne sauriez parler en son nom.

L'on m'a dit, à ce sujet, et j'aime à croire à la vérité de ce récit, on m'a dit qu'aucun signe d'adhésion n'avait accueilli votre violente sortie contre moi, et qu'au contraire un étonnement général, suivi d'un murmnre improbateur, vous annonça que vous aviez manqué à toutes les convenances.

Enfin, *comme citoyen.* Le public vous signale au nombre de ces ténébreux *censeurs*, ennemis jurés des libertés publiques, qui, toujours armés de vils ciseaux, qu'une volonté auguste a enfin brisés dans leurs mains, lacéraient sans pitié, comme sans relâche, les écrits qui exprimaient des idées et des opinions généreuses.

Vénérable Louis, brillant Vicq-d'Azir, un pareil homme a osé s'asseoir à votre place!!!

www.ingramcontent.com/pod-product-compliance
Lightning Source LLC
LaVergne TN
LVHW010338230826
846091LV00009B/3935

9782019286804